JN438138

척 보면 바로 안다

안 풍 실 시집

도서출판 청옥문학사

펴내면서

어제는 사라져 갔고
내일은 곧 살아 올 것이다
영원한 현재인 오늘은
지금 여기, 이 순간 이 자리
이 찰나와 이 극미 속에서
확실하게 살아 숨 쉬고 있다

들숨과 날숨의 끊임없는
순환 작용은 영원하다
존재하는 모든 것은
끊임없이 호흡하고 있다

지금 여기 있는 그대로
가만히 지켜보면 저절로 알게 된다
모든 것은 끊임없이 변화한다
이 세상에 절대적인 것은 없다
텅 비우면 저절로 가득 찬다
가득차면 저절로 텅 빈다

2012년 3월

風心 안 풍 실

차 례

제 1 부 관 심 – 마음먹다

제 2 부　관 찰 – 살펴보다

차례

제 3 부　관 조 – 즐기다

제 4 부　관 계 – 어울리다

제 1 부

관심 – 마음먹다

삶

해뜨면 일어나
살아 숨쉬고
해가 지면
가만히
쉰다
쉼

천국과 극락

이
세상
이대로
지금 여기
있는 이대로
그냥 아름답고
마냥 거룩하여라

나는 당신을 바라본다

나는 누구인가

⊖ × ⊕ ↔ ⊖
모르는 것을 안다고 하면
나는 無知하다
⊕ × ⊖ ↔ ⊖
아는 것을 모른다고 하면
나는 無識하다
⊖ × ⊖ ↔ ⊕
모르는 것을 모른다고 하면
나는 知慧롭다
⊕ × ⊕ ↔ ⊕
아는 것을 안다고 하면
나는 賢明하다

봄

겨우내
겨우
살아남아
지금 여기
겨우
살아 숨쉬는
봄 봄 봄 …
보면 볼수록
내 마음 나도 모르게
자꾸만 눈물이 난다

이른 봄

슬픔인가 기쁨인가
눈물을 떨구는
한 줄기 고드름

세찬 바람결에도
눈이 트는 버들개비

견고한 아스팔트
그 틈새를 비집고
고개를 내미는
모질고 끈질긴 생명력

차디찬 눈 속에서도
고운 꽃을 피워 올리는
가장 잔인한 생명이여

꽃샘바람

남강 뚝길을 걷다
차가운 바람결에도
봄 기운이 묻어난다

좀은 설레이는 가슴
좀은 일렁이는 마음
내 야윈 가슴에도
성큼 봄빛이 스친다

가끔씩 파고드는
꽃샘바람이 매섭지만
아롱아롱 봄빛이 아른거린다

진달래는 그냥 그대로
진달래답게 피고 지고
민들레는 그냥 그대로
민들레답게 피고 지리라

春心

누가 날 부르는가
가만히 귀 기울여 본다

겨우내 움크렸던
새 생명의 움트는 소리

아롱아롱 피어나는
아지랑이 속에서

방금 막 피어나는
한 송이 고운 꽃이여

春色

매섭고 기나긴
겨울을 참고 견디다

봄비 맞고서
봄 기운이 살아난다

봄비 듬뿍 머금은
홍매화 한 송이

저 만치에서
고고한 자태를 뽐낸다

봄비

- 배경구 님에게 -

가만 가만…
봄 마중 나왔다보다

소록 소록…
가락비 내리다

보슬 보슬…
보슬비 맞으며

톡톡톡…
꽃망울이 터진다

福壽草

삼대의 공덕을 쌓아야
겨우 너를 볼 수 있다든가

겨울이 가기를 기다렸다
봄이 채 오기도 전에
밤새 내린 눈을 뚫고

수줍게 고개를 내미는
샛노란 꽃망울 하나
탐스럽고 청초한 자태여

복 많이 받고 오래 살아
영원한 행복을 누리소서

민들레

봄빛 눈부신 오후
민들레 차를 마시며
민들레를 떠올린다

씁쓰레한 맛만큼이나
입 안 가득 향긋한 내음

민들레를 생각하면
하늘 높이 더 멀리
내 가슴은 두둥실 날아간다

바람 따라 두둥실 날아가
드디어 닿는 곳은
우리들 모두의 고향이다

相思花

서로 못 잊어
생각하고 또 생각한다

어느 날 갑자기
빨간 꽃 한 송이 피었다

잎은 꽃을 볼 수 없고
꽃은 잎을 볼 수 없지만

그냥 있는 그대로
마냥 그리워하며 산다

너를 만날 수 없지만
나는 너를 늘 생각한다

詩

시시한 이 한마디
바람 따라 스쳐가는
오직 이 한마디

내 손에 꽉 잡아보면
결국 남는 것은
빈손

빈 가슴에 남는 것은
새하얀
침묵
먼 그리움과 긴 기다림

행복

– 順佛에게 –

나는 기쁘다!
생각만 해도 기쁘다

나는 즐겁다!
마음만 먹어도 즐겁다

나는 행복하다!
상상만 해도 행복하다

바로 지금 여기
그냥 있는 그대로

늘 기뻐하고
매사에 감사하는 마음

月下美人

너무 가까이서 보면
내 마음 나도 몰라

너무 멀리서 보면
너는 아득한 그리움

가장 알맞은
너와 나의 거리

달빛 아래서
보는 너의 모습은
그냥 그대로 恍惚하다

水平線

물처럼
바람처럼
구름처럼
마냥 떠돌아

지금 여기
있는 듯 없는 듯
보일 듯 말 듯

그저 그냥
잠시 머문다

수평선은 말이 없다

虛靜

- 郭玉蓮 님에게 -

비우고 또 비워도
그냥 있는 그대로
텅 빈 충만

채우고 또 채워도
그냥 있는 그대로
넘치지 않는 허공

오직 바로 지금 여기
그냥 있는 그대로
텅 비어 고요한 마음

이 세상 모든 것이
그냥 있는 그대로
아름답고 거룩하여라

止觀

강가 저만치
왜가리 한 마리

꼼짝하지 않고
올곧게 홀로 서서

강물 속을 물끄러미
마냥 들여다본다

흐르는 강물위로
저녁놀이 불타고 있다

술 한 잔

술 한 잔에
詩光이 번득인다

술 두 잔에
詩情이 감돈다

술 석 잔에
詩心에 젖는다

술 넉 잔에
詩仙에 든다

발견

숲 속
오솔길 따라

무심코 걷다
문득 고개 드니

저만치
새파란 하늘
눈이 시리다

새파란 하늘에
새하얀 뭉개구름
눈이 부시다

因緣

그저 그냥
거울을 보다

낯익은 듯
낯선 얼굴 하나

넌 누구냐?
그런데, 넌 누구냐?

그래 그래 알겠다
너와 나는 참 近似하다

그리워 그리워서

그리워 그리워서
그리움만 쌓인다
그리워 그리워서
그리움이 그림이 된다
그림은 말없는 詩이다
그리워 그리워서
그림이 말을 한다
그리워 그리워서
말이 詩를 읊는다
詩는 말하는 그림이다
그리워 그리워서
詩가 노래를 한다
그리워 그리워서
노래가 춤을 춘다
그리워 그리워서
모두들 신바람이 났다

틈

하늘과 바다 사이에
있는 듯 없는 듯
없는 듯 있는 듯
한 줄기 틈이 있다
그것은
내 가슴의 그리움이다
그것은
내 마음의 기다림이다

제 2 부

관찰 – 살펴보다

단풍

저기
그냥 그대로
불타는 산 산 산…

여기
그냥 그대로
불타는 가슴 가슴…

마냥 설레이는 가슴
마냥 일렁이는 마음
아 가을이구나

가을 소식

이른 가을 아침
귀뚜리 울음 소리
귀뚜리 노래 소리
하늘 가득한데
가만히 눈감고
마음 내려놓으니
발가벗은 여름 한끝이
저만치 떠나가고 있네

눈雪

좋다 나쁘다
옳다 그르다
모두들 아우성이다
모처럼 눈이 내리다
온갖 허물을 덮으며
온누리에 눈이 내려 쌓인다
하늘은 드높아 푸르고
땅은 눈부신, 새하얀 세상
파란 가슴 하얀 마음
닫혔던 동심이 활짝 열린다

無爲

바람에
나부끼는

가냘픈
나뭇잎 하나

산들 바람에
온 몸을 맡긴 채

마냥 즐겁게
노래하며 춤춘다

까치밥

하늘 한복판
빨간
감하나
코발트빛
하늘이 드높다

연

나무 꼭대기에 걸린
연 하나

연속에 그려진
새 한 마리

하늘을 우러러본다
푸른 하늘이 내려다본다

스치는 바람결에
새는 하얀 날개를 퍼덕인다

눈부신 風光

꽃이 지고
낙엽진 자리

사뿐히 내려앉은
새하얀 꽃잎들

온누리 가득
눈부신 風光

마냥 포근하다
마냥 푸근하다

아름답다 못해
마냥 신비스럽다

무지개

하늘과 땅 사이에
사람이 있다
사람과 사람사이에
사랑이 있다
하늘과 땅과 사람을 잇는
가장 아름다운 다리
믿음과 희망과 사랑의 다리

각설이

모진 세월 돌고 돌아
지금 여기 내 왔노라
지난 아픔도 슬픔도 잊었노라
어디 갔다 이제 왔나
이 세상 그냥 있는 그대로
한바탕 실컷 울어보자 웃어보자
어딜 갔다 이제 왔나
저만치 저 젊은이
배꼽잡고 웃고 있네
이만치 이 늙은이
눈 가린 손등위로 눈물이 내비치네

막걸리

말갛게 가라앉은
막걸리 한잔의 여유
손가락을 휘저어
쭈욱 비운다
그냥 그대로
虛空無心
막걸리 한잔
가득 채운다
허리 쭉 펴고 곧혀 앉아
그냥 눈을 감아 본다
그냥 그대로
淸淨靜心

어머니

때 늦은 귀가길
어머니 머리위에
새하얀 눈이 내리다
아무 말 없이
어머니께
막걸리 한잔 건네다
밤이 너무 늦었다
니가 좋아하는
시락국 끓여 놓았다
술 먹지 말고
밥 먹고 자거라

어머니 마음

들이쉬고 내쉬는
푸른 숨결소리

절로 절로 노래하는
산골 개울물 소리

끊임없이 유유히
흘러가는 강물소리

끝까지 흘러 흘러
저기 저만치

가없는 수평선
깊고 넓은 어머니 마음

고귀한 사랑

- 한주호 준위에게 -

그 누가 당신을
그토록 빨리 부르더냐

35년의 한마음 한 뜻
끊임없이 끝까지
오직 한 목숨 기꺼이 바치다

나보다도 먼저
남을 더 생각하는
아름답고 거룩한 희생정신

나보다 남을 더 사랑하는
높디 높은 그 사랑
영원하여라 영원하리라

한실 마을

한적한 시골 빈집
삼십여평 텃밭을 일구다
텅 비어 가득찬
짙은 초록의 생명들
바라보기만 해도 넉넉하다
처음 해 보는 농삿일
내가 모른다는 걸 아는 것이
진짜 안다는 말이 새롭다
흰 뭉게구름 피어오르는 푸른 하늘
마냥 쏟아지는 따가운 햇살
이따금씩 불어오는 동녘바람
찬란한 신록의 생명들에
둘러 쌓인 바로 지금 여기 이 자리
삶의 기쁨과 감사를 만끽한다

범죄 없는 마음

버스 스피커가 울린다
'이제, 마지막입니다'

마지막은 끝이 아니다
마지막은
늘 처음과 서로 만난다

처음과 마지막이
서로 만나는 지금 여기는,

진주시 대곡면 대곡리
대곡마을 - 한실마을
범죄 없는 마을

사람다운 사람

짧고 쉽고 그린 듯
간단명료한 것일수록
저 하늘에 사무쳐
내 야윈 가슴에 와 닿는다

아름다운 것은 자연스럽다
자연은 있는 그대로 진실하다
진실한 것은 아름답다

이 세상에서
가장 아름다운 것은
사람다운 사람이다

사람다운 사람은
그냥 그대로 자연에 가깝다
자연은 가장 작고
가장 적은 것으로 자족한다

사는 맛과 멋

거울아 거울아
이 세상에서
누가 가장 멋진가

바보야 이 바보야
이 세상 누구나
제 잘난 맛에 산단다
제 잘난 멋에 사는거야

그러나 그런데...
좀은 못나면 어떠냐
좀은 바보스러우면 어떠냐

잘나면 잘난대로
못나면 못난대로
그냥 있는 그대로
그저 그냥 웃고 사는거야

한바탕 웃어보자

바로 지금 여기
있는 그대로 살아 숨쉬는
새 생명의 의지여
노래하라 노래하라

활짝 피어오르는
한 송이 아름다운 꽃이여
신나게 춤을 추어라

텅 비어 가득찬
침묵의 그윽한 향기여
멋지게 한바탕 웃어보자

마냥 기뻐서 노래하고
마냥 즐거워 춤을 추며
그냥 있는 그대로
한바탕 실컷 웃어보자

산山

산이 보고 싶어
산에 갔더니
산은 보이지 않고
온누리가 나무뿐이다

내 홀로
마냥 숲속을 헤매다
문득 정신차려보니
산은 없고 숲도 없고
물소리 바람소리 새소리...

지금 여기는 어느쯤인가
그냥 있는 그대로
반듯한 山 하나
올곧게 홀로 앉아있네

가장 좋은 것은 모두 공짜이다

탁 트인 푸른 하늘
새하얀 뭉게 구름

온누리 가득
눈부신 햇살

들이쉬고
내쉬는 푸른 숨결

바람결에 묻어오는
물소리 물새소리...
이 세상에서
가장 좋은 것은 모두 공짜이다

FLY HOOP

– 草海에게 –

이 세상에서
가장 완전한 것은 둥글다
가장 완전한 것은
그냥 그대로 아름답고 거룩하다
무한한 공간과
영원한 시간은 둥글다
둥근 것은 모두 돌고 돈다
그래서 극과 극은 상통한다
웃는 얼굴은 둥글다
둥근 얼굴은 아름답다
늘 기뻐하고 매사에
감사하는 마음은 둥글다
아이들의 허리춤에서
훌라후프가 신나게 돌고 있다

보면 안다

진실한 것은
그냥 있는 그대로
늘 새롭고 놀랍다
선량한 것은
그냥 있는 그대로
늘 반갑고 고맙다
아름다운 것은
그냥 있는 그대로
늘 신나고 멋지다
거룩한 것은
그냥 있는 그대로
늘 아늑하고 그윽하다

거울을 본다

너는 나를 비추고
나는 너를 비춘다
너와 나 마주보며
두 손 꽉 잡아보면
둘이면서 둘이 아니다
바로 지금 이 자리
너가 있으니까 내가 있고
내가 있으니까 너가 있다
너가 없으면 나도 없고
내가 없으면 너도 없다

FUSION

$m \times c^2 \leftrightarrow E$

精 × 神 ↔ 氣

魄 × 魂 ↔ 靈

身 × 心 ↔ 神

眞 × 善 ↔ 美

地 × 天 ↔ 人

正 × 直 ↔ 人

관심 × 관찰 ↔ 관계

믿음× 소망 ↔ 사랑

지성 × 감성 ↔ 감동

※ m : 질량, c : 광속, E : 에너지

제 3 부

관조 – 즐기다

그리움

그리움은
감동을 먹고 산다

감동은
죽은 자도 숨쉬게 한다

살아 숨쉬는
모든 것은 감동한다

가슴의 잔잔한 설레임
마음의 고요한 일렁임

따스한 가슴은 감동한다
가난한 마음은 감동한다

사랑

숨을 내쉬면
저절로 들이 쉰다
텅 비면 가득 찬다
항상
기뻐하고
마냥 감사하는 마음
사랑은...
그냥 있는 그대로
살아 숨쉬는 것이다

넓게 파야 깊게 판다

– 朴秋子 님에게 –

절집에 가신 신부님
교회에 가신 스님
전혀 낯설지 않다

불자가 예수를 이해하고
기독인이 석가를 이해하는
그것은 곧 지혜이다

내가 너를 이해하고
너가 나를 이해하는
그것은 곧 사랑이다

이해하고 사랑하면
이 세상 모든 것이
아름답고 거룩하여라

차카게 살자

물안개 자욱한
어느 목욕탕
나는 너를 모르고
너도 나를 모르고
어느 사나이의 팔뚝에
새겨진 그 한마디
'차카게 살자'
그래 그래 그렇다
그래 그래 그래야지
정말 착하게
나는 목욕을 할 수 있었다

감동의 눈물

내 마음 나도 모르게
자주 눈물이 난다

이제, 나도 조금은
사는 맛과 멋을 아나보다

슬픔의 눈물보다는
기쁨과 감사의 눈물
감동과 감격의 눈물

Wellbeing이란
감동을 먹고 살며
감동의 눈물을 흘리는 것이다

靜中動中靜

내 마음 내려놓고
텅 비우면
저절로
바둑판이 들어온다

바둑판은
우주의 축소판이다
인생의 축소판이다

바로 지금 여기
바둑판 위에서
흑과 백은 살아 숨쉰다

흑과 백은 서로
조화와 균형을 이루어
靜中動中靜을 펼친다

꽃 중의 꽃

– 地水火風 –

진흙탕 속에서도 피어나는
번뇌 속에서도 피어오르는
정갈하고 우아한 꽃이여

꽃보다 더 곱디 고운
눈물꽃이여
눈물의 사랑이여
사랑의 눈물이여

불꽃같은 열정과 정열
우리의 가슴마다에
불타는 사랑이여

어디선가 한바탕
싱그러운 바람이 불어온다
온누리 가득 바람꽃 향기
세상은 마냥 신바람이 난다

十字架

불타는 가슴 뜨거운 눈물로
번득이는 고독이여
눈물 같은 그리움
별빛 기다림
가장 아름답고 거룩한 한밤
이 세상에서
가장 거룩한 죽음이여
아름답도다 아름답도다
바람이여 서로 사랑하라
오직 바로 지금 이 자리
모든 것을 기꺼이 잃고 나서
모든 것을 얻었노라

中正道

사람이 물 위를 걷고
죽은 자가 일어서야만
놀라운 기적인가

바로 지금 이 순간
한 줄기 빛이 어둠을 밝힌다
한 방울 물이 바위를 뚫는다

한 방울 뜨거운 눈물이
온갖 고통을 말끔이 씻고
모든 슬픔을 환한 기쁨으로 바꾼다

더하지도 덜하지도 않는
그냥 있는 그대로 中正道
사람이 물 위를 걸을 수 있고
죽은 자가 되살아 나기도한다

修心

잡초 한 줄기를 뽑을 때마다
나는 내 마음의 잡초를 뽑는다
매일 아침 청소를 하면서
나는 내 마음을 청소한다
매일 아침 세수를 하면서
나는 내 마음을 씻는다
푸른 하늘을 우러러보면서
나는 내 마음의 파란하늘을 본다
먼 먼 수평선을 바라보면서
나는 먼 그리움과 긴 기다림을 익힌다

사랑은 忍耐이다

- 현정에게 -

아픈 만큼 정신이 난다
정신을 차리는 만큼
나는 분명히 살아있다

바로 지금 여기
내가 살아 있다는 것은
아픔을 기꺼이 수용하는 일이다
내 십자가를 스스로 지는 일이다

전혀 불편함이 없는
삶이란 마냥 권태롭다
고통의 不在는 오직 죽음뿐이다

지금 여기 있는 그대로
내가 나를 믿고 사랑하는 그만큼
나는 오래 참고 끝까지 견딘다

모든 것은 덧없다

급히 달려온 '마하가섭'
관을 붙잡고 구슬피 울자
죽은 석가는 관 밖으로
맨발을 내 밀었다
사람은 누구나 맨발로 태어나
늙고 병들어 맨발로 돌아간다
발걸음은 끝나도
길은 끝나지 않는다
길은 不生不滅이다
하늘과 땅 사이
메아리치는 오직 이 한마디
'모든 것은 덧없고, 이 세상에
홀로 있는 것은 아무것도 없다
끊임없이 끝까지 열심히 살아라'

人乃天

땅에서 보면 하늘
하늘에서 보면 땅

하늘과 땅 사이에
사람이 있다

사람과 사람사이에
사랑이 있다

사람위에 사람 없고
사람아래 사람 없다

하늘과 땅은 둥글다
하늘과 땅은 둘이 아니다

사람은 곧 하늘이다
하늘은 곧 사랑이다

확실한 증거

아픔은 그냥 그대로
바로 지금 여기
내가 살아있다는
확실한 증거이다
감동의 눈물은
내 가슴속에
그리움과 기다림이
아직도 남아 있다는
확실한 증거이다
부끄러움은 그냥 그대로
내 마음속에 아직도
순수와 정직이 살아있다는
확실한 증거이다

가난한 마음

빈자는 비참하다하고
부자는 더 탐욕한단다
그러나 그런데...
자족하는 사람은
가난해도 행복할 줄 안다
욕망은 충족되면 약화되고
거부당하면 더욱 강화된다
찾아서 얻지 못하는 것은
그냥 그대로 수용하면
그 얼마나 자유로운가
보이는 아름다움은
욕망의 강함에 비례하고
욕망의 절제는
곧 바로 아름다운 詩가 된다

기적

영원과 무한이 만나는
오직 바로 이 순간
이 찰나
이 한 점에
번득이는 침묵이여
오직 바로 지금 여기
그냥 있는 그대로
내가 살아 숨쉬고 있구나
너가 살아 숨쉬고 있구나
모든 것이 살아 숨쉬고 있구나

너는 나를 사랑하느냐

이 세상에서
가장 쉽고 단순하고
빤히 내다보이는 이 한마디
그러나 그런데…
이 세상에서 가장 어렵고 애매한
오직 이 한마디
바로 지금 이 순간
나는 나에게 묻는다
너는 나를 믿느냐
너는 나를 사랑하느냐

오직 바로 지금 여기

내 홀로 길을 간다
길가의 들꽃을 만나고
들꽃과 어울리는 나비 떼를 본다
모르는 사람을 만나
눈 인사를 나누며
끝없는 오솔길 따라
무심코 걷고 또 걷는다
어디로 가고 있는지
왜 가고 있는지 묻지 말자
내 앞에 길이 열려 있기에
그저 그냥 그대로 가보는 거다
걷다가 때로는 멈춘다
시작과 끝은 언제나
오직 바로 지금 여기이다

상처

누구나 마음속에
상처 하나쯤 안고 산다

살아가면서
내가 상처 받은 일들
내가 상처 주는 일도 많다

그럼에도 불구하고
그저 그냥 감사하며
살아갈 수 있는 까닭은

그 상처들이
늘 나를 일깨우기 때문이다

正見

一見直面
새파란 하늘에
흰 뭉개구름 한 점

一点素心
그저 기뻐하고
그냥 감사하는 마음

一瞥直觀
가장 아름다운
詩 한 구절 터지다

一念直覺
오랜 기다림 한 끝
이윽고 문득 꿈을 깨다

乾達

보따리 하나 달랑 메고
정처 없이 떠나가는
나그네의 뒷모습
허전하다 못해 한결 가볍다

만나면 헤어지기 마련
늘 떠날 준비를 해야 하는
오직 바로 지금 여기

이 세상 누구나 풍류 인생
건달팔자 나그네 인생

보따리 하나에
恨과 興을 가슴 가득 담고서
오늘도 바람처럼 물처럼 흘러간다

아픔은 말한다

아픔은 정직하게
뭔가 내게 말하고 싶어한다

아픔은
나의 관심과 사랑을 바란다

아픔만큼
나는 바짝 정신을 차린다

정신 차리는 만큼
나는 살아 숨쉬고 있다

내가 지금 살아 있다는 것은
아픔을 느끼고 깨닫는 것이다

왜 사느냐 왜 죽느냐

지금 여기는 어느 쯤인가
無常…

너는 누구인가
無我…

너는 뭘 할 수 있는가
無爲…

너는 뭘 바라는가
無心…

왜 사느냐 왜 죽느냐
不生不滅…

왜

왜……???
사람은 태어나
늙고 병들어 죽느냐

오직 바로 지금 여기
나는 너에게 묻는다
너는 나에게 묻는다

봄 여름 가을 겨울
여름 가을 겨울 봄
가을 겨울 봄 여름
겨울 봄 여름 가을…

제 4 부

관계 - 어울리다

뒷동산 소나무

- 明眞香 님에게 -

낙엽 긁어모아
아궁이에 불 짚이면
굴뚝에서 토해내던
하얀 뭉개구름, 생각 난다

그때, 그 친구들 생각 난다
수만리 머나면 하늘가
어느 별 아래서 숨쉬고 있는가

옛 친구, 그리운 친구야
모두들 어딜 갔느냐
모두들 어디에 있느냐

지금 여기 이 자리
내 홀로 지난 날을 그린다
내 혼자 그리움이 젖는다

그 소녀

어릴 적 옛 고향
그때 그 친구들
자꾸만 생각난다
빛바랜 조그마한
흑백사진 한 장
늘 메만져 보는 동안
古稀가 다 됐구나
그때 그 시절
유난히 목이 길던
그 소녀는 지금 어디 있을까

五月

초록빛 고운 드레스
너풀너풀 너울 쓰고
살며시 다가오는
곱디 고운 아가씨야

이 찬란한 신록의 계절
내 가슴 가득
한아름 안겨오는
그리움이여 사랑이여

삼단 같은 검은 머릿결
자꾸만 빛바래 가는데
언제 한번
그대를 만날 수 있을까

마음은 늙지 않는다

애써 잊으려고
망각의 늪으로 밀어버린
흘러간 그 숱한 세월
나는 다시 깨어나서
아름답게 채색된,
헝클어진 실타래를
내 작은 바구니에 담아본다
백년이 가도 말 한마디
못하고 말 것 같았는데,
어느 날 갑자기
이렇게 우리 서로 인연이 닿다니
정말 오래 살고 볼 일이다

눈 오는 날

너에게 편지를 쓴다
언 듯 창밖을 보니
모처럼 눈이 내리다

하늘에서 떨어지는
하얀 꽃잎들
너를 만난 듯
마냥 기쁘고 반갑구나

밝은 날보다는
구름 낀 날이 좋고
구름 낀 날 보다는
눈 오는 날이 더 좋아라

TIME MACHINE

이 세상 모든 것이
덧없이 흘러가도
마음만은 늙지 않는다

어릴 적
천진난만하던 동심은
언제나 그냥 그대로 있다

지금 당장
타임머신을 타고
그때 그 시절로 돌아가 보자

바로 지금 여기 이 순간
그냥 상상만 해도
마냥 마음 설레이고
얼마나 가슴 뛰는 일이냐

즐거운 고독

이 세상에 보고 싶은
한 사람이 있다는 것은
얼마나 아름다운 일인가
전화를 걸 수 있는
한 사람이 있다는 것은
얼마나 즐거운 일인가
편지를 쓸 수 있는
한 사람이 있다는 것은
얼마나 즐거운 고독인가
만나보고 싶은
한 사람이 있다는 것은
얼마나 고마운 일인가
이 세상에 만날 수 있는
한 사람이 있다는 것은
얼마나 행복한 일인가

바보처럼

바로 지금 여기
나는 바보처럼 꿈꾼다

내가 꿈꾸는 그대로
나는 바보처럼 믿는다

내가 믿는 그대로
나는 바보처럼 상상한다

내가 상상하는 그대로
나는 바보처럼 사랑한다

내가 사랑하는 그대로
나는 바보처럼 늘 즐겁다

그 소년

애써 잊으려 했었지만
자꾸만 떠오르는 옛 추억들
내 맘 나도 모르게
어릴 적 그 시절이 마냥 그립다
그 때 그 시절
얼굴이 해맑고
말이 없던 그 소년은
지금 어디에서 뭘하고 있을까

웃는거야

그리고 웃는거야
그러나 웃는거야

그러니까 웃는거야
그런데도 웃는거야

그럼에도 불구하고
그저 그냥 웃는거야

아무튼 웃는거야
바보처럼 웃는거야

나는 나를 창조한다

나는 나를 창조한다
나는 나를 편집한다
나는 너를 편집하고
너는 나를 편집한다
우리는 우리를 편집한다
바로 지금 여기
우리는 편집된 삶을 산다
그래 그래 그렇다
간단하고 쉬운 것이
그냥 아름답고 멋지다
편집된 집에서
편집된 옷을 걸치고
편집된 식사를 하며
편집된 사고방식으로
지금 나는 마냥 행복하다
바로 지금 여기 나는,
있는 그대로의 나를 보면서
또 하나의 나를 편집한다
또 하나의 나를 창조한다

CAMERA

카메라의 초점거리
가장 알맞은 거리에서
그냥 있는 그대로 주시한다

하나의 초점에 머무는
오직 바로 지금 이 순간
이 세상 모든 것이
마냥 새롭고 놀랍고 멋지다

참으로 볼 만하고
그냥 살만한 세상
실컷 신나게 구경이나 하면서
이 한 장의 추억을 만든다

살아서 퍼덕이는
오직 이 한순간의 추억을
무한 속에 영원히 찍어둔다

개울물 소리

시리도록 파란 하늘
눈부신 햇살
산골짜기 가득
개울물 소리
해맑은 개울물 속에
내 발을 담그면
내 몸은 산이 되고
내 가슴은 마냥 하늘을 나른다.

풀밭에 누워

아무 생각 없이
그냥 홀로 앉아본다

풀밭에 누워
밤하늘의 별들을 헤아려본다
그저 그냥 누워 눈을 감아본다

볼 수도 들을 수도
생각할 수도 없는
한줄기 靈感이 스친다

오직 바로 지금 이 순간
그냥 있는 그대로
나는 있다
동시에 나는 없다

잡초는 말한다

사람의 관점에서 보면
한갓 잡초일뿐이지만
잡초의 관점에서 보면
사람은 과연 무엇일까

잡초는 잡초 나름대로
존재 가치와 의미를 지닌다
이 세상에 쓸모없는 것은 없다

자연 상태 그대로
그냥 있는 그대로
잡초는 끝까지 살아 남는다
쓸데 없는 것이 쓸데가 있다

모진 생명, 끈질긴 생명력
잡초 같은 인생
끊임없이 끝까지 살아 남는다

無爲自然

산은 산 그대로 좋고
물은 물 그대로 좋아라

꽃들은
해마다 똑같은 꽃을 피우고

새들은 아침 저녁으로
똑같은 노래를 부른다

어린 아이들은
똑같은 나비 떼를 쫓고
똑같은 조개껍질을 모운다

자연은 지금 있는 그대로
지루함이나 싫증을 모른다

목숨

바람처럼 살다가
바람처럼 사라진다

바람이 불면
구름은 흩어지고

구름이 사라지면
그냥 있는 그대로
파란 하늘뿐이다

들이쉬고 내쉬는
푸른 숨결 소리

바람처럼 사라졌다
바람처럼 살아난다

걸으면 산다

누우면 죽고 걸어면 산다
걸어보아야 느끼고
헤매보아야 깨닫는다

너무 서둘면 탐욕하고
너무 느긋하면 나태하다

내려 놓으면 한결 가볍다
텅 비우면 새로운 길이 열린다

더디고 느린 길 위에
나만의 길이 열린다
삶은 나만의 길을 내는 일이다

受苦했다

내 손을 씻는다
두 손을 어루만져본다
수고했다

내 눈을 씻는다
가만히 눈을 감아본다
오늘 하루 멋지고 신났다

내 발을 씻는다
나의 中心과 重心을
아래로 아래로 내려 놓는다

내 마음을 씻는다
텅 비어 고요한 마음
그저 그냥 기쁘고 감사하다

참 좋았다

- 어느 노부부의 대화 -

임자! 우리는
너무 옆도 안보고
앞만보고 살았지
그것도 참 좋았다

그 덕분에
뜨는 해 맞고
지는 해 보내고
차고 지는 달도 보았지

밤 하늘에 가득한 별도
한 없이 보았지
어느 날인가
스치는 바람도 참 좋았다

세상은 살만하다

동물로 태어나
홀로 걷기 시작하고부터
인간다운 인간이 되었다

걷다보니 정신이 들고
정신이 나니 걸을만하다

오늘도 나는 걷는다
길이 있으니까 걷고
걷다보니 길이 앞선다

세상은 걸어볼만하다
세상은 살아볼만하다

吾唯知足

元來空寂
無相無作
虛空無心
無求無願
清淨靜心
知止知分
知足自足
自由自在
心想事成

UTOPIA

Don't hurry up
Don't be angry
Don't worry

And now always
Be joyful and
Thankful in everything

Only just now and here
First things first
Do it right now

※ UTOPIA 〈(Greek) - Nowhere - No place〉

텅 비우면 가득 찬다

Ⅰ.
한가한 여유를 가진 사람들이
인류의 문화와 문명을 창조했다

이 세상에
지혜를 주고 빛을 던진 사람 중에
그 누가 서둘던가

소크라테스는 맨발로
시장 바닥을 거닐면서
한가한 이들과 대화를 즐겼다

석가는 6년 동안
나무 그늘 밑에서 虛靜을 즐겼다

공자는 여러 나라를 거닐면서
中庸의 지혜를 펼쳤다

예수는 하느님의 사랑을
선포하기 위해 목수 일을 그만 뒀다

Ⅱ.

대 자연은 사람들에게
알고 생각할 여유를 주었다
여유는 文化와 文明을 창조한다

현대인의 비극은
여유를 경시하는데서 비롯된다

전기를 만들어 밤의 여유를
추방하고 여러 오락 시설을 만들어
생각할 여유를 빼앗아버렸다
이제 현대인들은 누구나
각종 利器들의 노예가 돼 버렸다

정보 통신 기술의 진보가 오히려
실업자를 양산하고 환경을 파괴하며
빈부의 편중을 가중시켰다

신용카드의 난발로 소비심을 부추겨
신용불량자와 노숙자를 양산하고
파산자의 급증으로 이혼율이 증가했다

Ⅲ.

인류의 3대 위기는
중동의 테러리즘, 지구 온난화,
그리고 제 3세계의 부채를 꼽는다

모두가 석유 때문이란다
석유 정치, 석유 전쟁은 계속 된다

그런데 그러나...
현대인들은 태어나자 말자
온갖 편견과 오만을 체득한다

학교를 가기 전에 조기교육,
영재교육이란 대단한 이름 아래
대학에 들어 갈 때가지
우격다짐으로 주입식 교육을 받고,

그 다음 군대, 직장, 은퇴를 거쳐
왜, 어떻게, 살아 왔는지,
모르는 채 어디론가 사라진다

Ⅳ.

겨울에 수박을 먹는다고
행복이라 부르지 말자
Wellbeing이라 하지 말자

사람들아!
왜 자꾸만 서두르는가
그 누가 자꾸만 몰아세우는가

밤은 텅 비어 고요하다
밤은 한가한 여유이다
밤은 행복한 휴식이다

우리 모두 다함께
풀섶에 누워
밤하늘의 별들을 헤아리며
미네르바의 올빼미가
깃을 펼치기를 기다리며 살자

一切唯心造, 心想事成

－ 風流心 －

1. 관심(關心) – 직심(直心)

관심은 어떤 특정 대상에 대하여
주의 또는 흥미, 호기심을 가지는
심리적인 태도이다
관심은 마음을 먹는 것이다
내가 마음 먹은 것만 보고 듣고
생각하고 행동한다
그래서 心想事成이요,
一切唯心造, 一切唯心近作이다
내가 관심을 가지는 곳에 내가 있다
사실 나는 나의 관심 그 자체이다
나의 관심이 나의 과거에 머문다면
나도 역시 과거에 머문다
나의 관심이 미래에 가 있으면
나도 역시 아직 오지 않은 미래에
가 있게 될 것이다
그러나 나의 관심이 바로 지금 여기에
있으면, 나는 神의 현존, 즉 영원한
현재에 머물게 되는 것이다
그때는 神도 내 안에 현존하게 된다
지금 여기 이 순간 있는 그대로
그저 가만히 지켜보고 그냥 그대로

알아차리면 매순간 그 속에 깃든
텅 빈 고요와 텅 빈 충만을 깨닫게 된다

이 세상 어디든지 神을 두루 현존하고
있으니까, 내 스스로 관심만 가지면
神은 저절로 내 안에 스며든다
머릿속을 텅 비우고 관심과 호기심의
눈으로 보면 이 세상은 그야말로
놀라운 기적과 새로운 아이디어로 가득하다
그리고 이 세상은 그냥 있는 그대로
마냥 새롭고 아름답고 거룩하다

새로운 아이디어는 어느 순간 문득
떠오르는 것이 아니라 이 세상에
대한 지속적인 관심과 간절한
소망의식에서 나온다
피그말리언처럼 간절하고 절실하게
원하고 구하는 것은 언젠가는
반드시 이루어지기 마련이다

세상에 대한 관심있는 질문과
관찰의 결과물들을 머릿속에
저장되어 있다가 어느 한 순간
의식의 수면위로 떠오르게 되고,
그것이 내 자신을 변화시키고,
이 세상을 바꿀 수 있는 멋진
아이디어가 되는 것이다

뭐든지 관심을 가지면 저절로
상상의 나래짓을 퍼덕이기 시작한다
상상력은 시간과 공간을 뛰어 넘어
미지의 새로 날개를 활짝 편다
상상력은 나의 머리 속에 그리는
Drawing이다
내가 어떤 그림을 그릴지는
전적으로 내 마음에 달려있다
관심을 가진다는 것은 생각하는 것이다
생각하는 것은 상상하는 것이다
상상하는 것은 그리고
그리워 하는 것이다

그리워하는 것은 결국 사랑하는 것이다
사랑하면 알게 되고 알면 저절로 보인다
보면 알게 되고 알면 사랑하게 된다

「그리워 그리워서 / 그리움만 쌓인다
그리워 그리워서 / 그리움은 그림이 된다
그림은 말 없는 詩이다
그리워 그리워서 / 그림이 말을 한다
그리워 그리워서 / 말이 詩가 된다
詩는 말하는 그림이다
그리워 그리워서 / 詩가 노래를 한다
그리워 그리워서 / 노래가 춤을 춘다
그리워 그리워서 / 모두들 신바람이 났다」
-「그리워 그리워서」 전문-

「내 관심이 머무는
오직 바로 지금 여기
그냥 있는 그대로
그저 가만히 지켜본다

뛰는 놈 위에 나는 놈 있고
나는 놈 위에 노는 놈 있고
노는 놈 위에 미친 놈 있다

아는 것보다는
좋아하는 것이 낫고
좋아하는 것보다는
즐기는 것이 좋아라

즐기는 것보다는
미쳐야 깨닫게 된다
미쳐야 비로소 미친다」

-「미쳐야 미친다(狂則及)」 전문-

「스티브 잡스」는 말한다
「Stay hungry, Stay foolish」
즉 배고픈 그대로, 어리석은 그대로
그냥 그대로 살아라
배가 고파야 간절하고 절실하게 되고
좀은 바보스러워야 그냥 바보처럼
뭐든지 있는 그대로 밀고 끊임없이
정진할 수 있는 것이다

텅 비우면 저절로 가득 찬다
가득차면 저절로 텅 빈다
그저 그냥 보면 그냥 안다
그냥 있는 그대로 지켜보면
저절로 알아차리게 된다

2. 관찰(觀察) – 직시(直視)

관찰은 모든 현상과 물질 등을
있는 그대로 살펴보고, 지켜보아
명확하게 규명하고 있는 그대로의
진리를 체득하는 것이다

사람은 관찰을 통해서 배운다
아무런 편견이나 선입견 없이
있는 그대로 가만히 관찰하면
새로운 지식과 빛나는 지혜를
터득할 수 있다
예술가, 과학자, 그리고 발명가 등은
한마디로 관찰하기를 즐기는 사람들이다

관심을 기울이는 모든 것은
그냥 그대로 관찰하기 마련이다
모든 현상과 상황을 있는 그대로
관찰하는 것이 곧 본질적인 것을
있는 그대로 관찰하는 것이다

그 逆도 마찬가지이다
사람은 두 눈과 하나의 혀를 가졌다
그것은 말하는 것보다도 두 배로
관찰하라는 의미이다

「논어」는 말한다
「사람을 관찰함에 있어서 먼저
그 행동을 보며, 다음은 행동의 동기를
보며, 그 다음은 행동의 목적을
관찰하면 그 사람됨을 알지니,
그 사람됨을 어찌 속일 수 있으랴」

세상 만물은 하나도 같은 것이 없이
제 각각의 형태와 빛깔로 존재한다
그래서 우주적 자아는 다양한 모습으로
자기 자신을 드러낸다
그러나 그 속에 깃든 우주적 자아는
있는 그대로 오직 하나이다

그와 같이 우리도 특정한 방향으로
관심을 가지고 관찰하면, 우리의 인생은
특정한 형태로 창조된다
우리가 온전함에 관심을 기울이고
관찰할 때 우리도 온전하게 된다

Micro의 세계는 절대적이 아니라
상대적이며, 그냥 있는 그대로

불확실하고 불확정적이다
그리고 볼 수도 들을 수도 알 수도 없는
우리 마음의 세계도 그와 마찬가지이다

지금 여기 내 마음 나도 모른다
내 마음 역시 항상 변화무상하기
때문에 平常心을 유지하기 위해
있는 그대로의 내 마음에 관심을
가지고 있는 그대로 관찰하지 않으면 안된다

우리의 마음이란 말 그대로 관찰이라는
행위를 통해서 우리의 눈앞에
새로운 모습으로 탄생한다
관찰하기 이전에는 우리의 마음은
하나의 가능성의 리듬일뿐이지만
일단 관찰하기 시작하는 순간,
우리의 마음은 시간과 공간속에서
하나의 사건과 상황으로 드러난다

지금 여기 카메라의 렌즈를
통해서 관심이 가는 어떤 대상에
주의 집중하고, 그냥 그대로 관찰해보면
이 세상 모든 것이 있는 그대로
마냥 새롭고 놀랍고 멋지다

「카메라의 초점거리 / 가장 알맞은
거리에서 / 있는 그대로 주시한다//

하나의 초점에 머무는/ 오직
바로 지금 이 순간 / 이 세상 모든 것이/
마냥 새롭고 놀랍고 멋지다//
「카메라의 초점거리 / 가장 알맞은
거리에서 / 있는 그대로 주시한다//
참으로 볼만하고 / 그냥 살만한 세상/
실컷 신나게 구경이나 하면서/
이 한 장의 추억을 만든다//
살아서 퍼덕이는/ 오직 이 한 순간의
추억을 / 무한 속에 영원히 찍어둔다」

-「CAMERA」 전문 -

3. 관조(觀照) - 직관(直觀)

관조는 美的 대상에 대한
美的 태도의 受容的 측면으로서
창작에 대립하는 개념이다
완상, 감상 또는 쾌담을 수반함으로
美的受容 또는 美的 향락이라고
할 수 있다
관조는 그 대상에 따라 예술관조와
자연 관조와 대별된다

내 마음 아래로 아래로 내려놓고,
내 머리는 텅 비우고, 결코 해석하지
말고 그냥 있는 그대로 지켜본다
바로 지금 여기 관심과 호기심을

가지고 내 주변을 있는 그대로
가만히 주시하면 이 세상 모든 것이
그냥 있는 그대로 새롭고 놀랍고 멋지다

맑고 깨끗한 마음으로 모든 현상과
상황을 있는 그대로 관조하면
하느님도 부처님도 바로 내 안에
존재한다는 것을 直覺한다

오직 바로 지금 여기 있는 그대로를,
그냥 그대로 지켜보면
슬픔도 기쁨도, 행, 불행도
본래부터 존재하지 않는다는 것을
관조할 수 있다

지금 여기 내가 가진 것은 아무것도 없다
빈 몸, 빈 마음으로 왔다가
언젠가 알맞은 때가 되면
또한 그렇게 그냥 그대로 돌아간다
그래 그래 정말 그렇다
원래부터 내 자신이란 없었는데,
하물며 내 것이 어디 있으랴

「강가 저만치
왜가리 한 마리

꼼짝하지 않고

올곧게 홀로 서서

강물 속을 물끄러미
마냥 들여다본다
흐르는 강물위로
저녁놀이 불타고 있다」
–「止觀」 전문 –

4. 관계(關係) – 직각(直覺)

人生이란 주고 받는 관계이다
인생도 授 와 受의 두 원리로 구성된다
사람이 산다는 것은 곧 주는 생활과
동시에 받는 생활이다

관계란 한마디로 어울림, 즉
조화와 균형이다
모든 것은 서로 연관 관계를 가지고
하나의 거대한 Network을 형성하고 있다

우주는 볼 수도 들을 수도 없고
알 수도 없는 시간과 공간의
거대한 그물망이다
그 속에서 인간은 시공의 차원에서
일종의 사건이자 상황으로 존재한다

겉으로 보기에는 모든 것은 나에게

일어나는 것이지만, 근원적인 면에서
사실은 내가 그것을 일으키는 주체이다

내가 체험하고 경험하는 모든 것은
겉으로 보기엔 우연처럼 보이지만
사실은 내 스스로 창조하는 것이다

내가 살아가는 태도나 자세는
내 스스로 만든 에너지와 정보의
충동이 그냥 그대로 표현된 결과이다

인간은 생각하는 이 우주에
몸을 담고 있는 생각하고 느끼고
자각하는 개체이다
언어가 구현되기 이전의 생각이나
느낌은 에너지와 정보의 자극으로서
이 우주를 형성하는 근본 소재이다

양자론적 차원에서 볼 때, 모든 물질과
사건들을 근본적으로 에너지와 정보의
끊임없는 파동이다
만물을 구성하는 근본 소재는
비물질, 그것도 생각하는 비물질이다

세상에 관한 편견과 선입견이
없는 상태에서는 바라보는 것 자체가
질문이자 해답이 된다

머리에서 가슴에 이르는 가장
짧고도 또한 가장 먼 여행,
머리에서 가슴으로 흘러가지 못하는
지식이나 정보는 고인 물과 같다

지금 여기 하나의 작은 点이 있다
이것은 인생의 가장 중요한 순간일
수도 있고, 한 인간의 번뇌와
노력의 흔적일 수도 있다
결국 우리의 눈에는 보이지 않지만
이러한 点들이 과거로부터
현재 그리고 미래로 연결되고,
연결하는 과정에서 사랑과
상실이 올 수도 있다
중요한 것은 상실의 상처가 아니라
그것으로부터 오는 교훈이다

바로 지금 여기 이 자리
그냥 있는 그대로 끊임없이
변화하고 있다
덧없고 덧없으니 모든 것이 덧없다
이 세상 모든 것은 서로 연관
관계를 맺고, 그 관계 속에서
살아 숨쉬고 있는 것이다

공자는 말한다
「아는 것보다는 좋아하는 것이 낫고

좋아하는 것보다 즐기는 것이 낫다」
「和而不同」
서로 다른 것들이 어울려 조화와
균형을 이루는 것이야말로
그냥 있는 그대로 마냥 아름답고
마냥 거룩한 세상이 아닐까
한마디로 사람의 사람다움은
사람과의 조화와 균형의 관계 속에 있다

「비우고 또 비워도
그냥 있는 그대로
텅 빈 충만
채우고 또 채워도

채우고 또 채워도
그냥 있는 그대로
넘치지 않는 허공

오직 바로 지금 여기
그냥 있는 그대로
텅 비어 고요한 마음

이 세상 모든 것이
그냥 있는 그대로
아름답고 거룩하여라」
–「虛靜」 전문 –

책 보면 바로 안다

인쇄일_ 2012년 3월 25일
발행일_ 2012년 3월 30일

지은이_ 안풍실
펴낸이_ 최경식
펴낸곳_ 도서출판 청옥문학사
디자인_ 문화마을

등록번호_ 제10-11-05호
주 소_ 부산시 금정구 명서로 94, 101-411
E-mail _ kyu500@hanmail.net (출판사)

ISBN ISBN 978-89-964443-6-7
값_ 10,000원